©

APPRENDRE LE BONHEUR
ET LE CONSTRUIRE

Dr. Camille Levy

PRÉAMBULE

Je connais bien le malheur, la tristesse et la souffrance.
Je les ai côtoyés tous les jours pendant des années. J'étais
médecin urgentiste dans l'humanitaire. Et si la mort et la
maladie furent aussi mon quotidien, je n'ai jamais oublié
pour autant que les Urgences sont avant tout un lieu de
vie, un théâtre où se réalisent souvent des miracles, et
surtout l'un de ces rares endroits qui offrent le privilège de
mesurer l'importance d'être heureux et de savourer les
instants de bonheur, petits et grands, qui nous sont offerts
à chacun tout au long de notre passage sur Terre. Cela
peut paraitre paradoxal, mais il n'y a rien de mieux que la
mort et la maladie pour vous rappeler à quel point la vie
est précieuse, ainsi que la nécessité d'en saisir les instants
les plus agréables.

Ce petit ouvrage, conçu sous la forme d'un guide dont
les chapitres peuvent être lus séparément, n'a pas la
prétention de définir avec exactitude le Bonheur. Chacun
se référera ici à sa propre définition, les pages qui suivent

étant elles-mêmes fondées sur l'acception la plus large possible de ce terme. On retiendra simplement la définition générale que l'on retrouve dans la plupart des dictionnaires pour laquelle être heureux est associé à un état durable de plénitude et de satisfaction.

Il ne s'agit donc pas ici de révolutionner la philosophie du Bonheur, ou de fonder une nouvelle école de pensée sur le sujet. Les aphorismes et réflexions que je présente ici n'ont d'ailleurs pas non plus la prétention de transformer votre vie. Je ne vous promets pas qu'à la lecture de ce guide votre vie soit soudainement rendue béate. Plus modestement, c'est de conseils dont il est ici question, de pensées qui je l'espère vous aideront à trouver de vous-mêmes la voie du Bonheur.

En tant que médecin, je fus souvent confrontée à des questions d'ordre philosophique, et ce sont les nombreuses discussions que j'ai eu durant ma carrière avec mes patients et mes collègues qui m'ont conduit, avec le temps, à coucher sur le papier les pages qui suivent. Car cette question du bonheur et du chemin qu'il faut prendre pour y parvenir m'a souvent été posée. Et face à la douleur, sous toutes ses formes, j'ai appris au moins deux choses. D'une part, que le bonheur ne se décrète pas. Il faut, me semble-t-il, pour être heureux avoir un minimum de recul sur les choses de la vie, adopter un certain point de vue qui permette au quotidien de prendre les mesures adéquates, et de faire ainsi des choix qui vous conduiront sur les chemins d'une vie la plus heureuse possible. En d'autres termes, le bonheur s'apprend et se construit. Il ne vous ai que rarement donné. Et lorsqu'il se présente, il faut être préparé à le saisir. Par ailleurs, et c'est le second enseignement que je tire de mon expérience personnelle et professionnelle, l'esprit humain possède une force incommensurable. Et cette force, chacun de nous la possède en soi. J'ai toujours été surprise de la capacité qu'avaient mes patients ou leurs familles à surmonter les obstacles, quand bien même ceux-ci étaient terriblement importants. Cette force intérieure, ce courage, il faut en prendre conscience. Car le simple fait de savoir que cette puissance de l'esprit existe procure un sentiment de confiance fort utile face aux pires adversités et constitue, indéniablement, une lumière rassurante qui vous guidera sur la voie du Bonheur.

NE PAS SUCCOMBER
À LA TYRANNIE DU BONHEUR

"Nous sommes la première société dans l'histoire
à rendre les gens malheureux de ne pas être heureux"
P. Bruckner

Aussi paradoxal que cela puisse paraître pour commencer cet ouvrage, apprendre le bonheur commence par la nécessité de prendre conscience que celui-ci n'a rien n'obligatoire. Être heureux n'est en effet nullement impérieux. Contrairement aux messages publicitaires que nous assènent à longueur de journée les médias dans toutes leurs déclinaisons - télévision, radio ou internet - personne ne devrait être obligé de respirer continuellement le bonheur. Cela est-il d'ailleurs possible ? Tout simplement : non.

S'il est de bon ton en société de cacher les tracas de la vie quotidienne en donnant l'illusion que tout va bien, il convient ici de rappeler qu'il est aussi autorisé de ne pas toujours être au top de sa forme, d'avoir, dans une société toujours en mouvement, des baisses de régime et de les assumer sans avoir à passer pour une personne naturellement déprimée.

Prendre simplement conscience qu'il n'est pas obligatoire d'être heureux de façon permanente, qu'il ne peut vous être demandé de respirer le bien-être et la plénitude tout le temps, aide à supporter cette pression insidieuse qui pèse au quotidien sur nos épaules. Et qu'importe les regards portés sur vous. Les plus intelligents et ceux qui vous connaissent véritablement, sauront ne pas vous juger à la hâte, ne pas interpréter faussement votre humeur. Dès l'instant où celle-ci n'est pas gratuitement mauvaise, que vous ne le faites payer volontairement à personne, il est dans la norme de ne pas pas baigner dans le bonheur de façon continuelle, la vie étant surtout faite de moments neutres qui ne sont ni heureux ni malheureux.

Pascal Bruckner, dans un essai récent, souligne d'ailleurs avec justesse que le rapport des sociétés occidentales au bonheur est aujourd'hui devenu à ce point paradoxal que nous souffrons trop souvent de ne pas être suffisamment heureux, pendant que dans d'autres sociétés peu démocratiques, nombreux sont ceux qui aimeraient pouvoir simplement exprimer leurs insatisfactions, bien souvent justifiées quant à elles.

Il ne faut donc pas oublier que la vie n'est pas une euphorie permanente, que les moments douloureux, ennuyants ou sans saveur sont inévitables. C'est en outre le fait que ces instants existent aussi qui nous permet en retour d'apprécier pleinement le bonheur quand celui-ci se présente, aussi fugace soit-il.

Vous avez le droit de ne pas être heureux, tout comme vous avez le droit de n'être ni heureux, ni malheureux.

Mais pour cela, faut-il encore reconnaître que le bonheur, pour être apprécié à sa juste valeur, ne peut rien avoir d'impérieux, il ne peut en aucun cas faire l'objet d'une obligation et se transformer de la sorte en force contraignante. Le Bonheur doit certes être construit et doit aussi s'apprendre, mais il ne peut être décrété par la force. On ne peut se forcer à être heureux. Le Bonheur, lorsqu'il se présente doit être saisi, mais pour être pleinement apprécié il ne peut être imposé, au risque de n'être qu'artificiel.

LA LENTEUR
DANS LE SILENCE

"De temps en temps, se retirer de ce qu'on fait,
et gagner quelque hauteur pour respirer et dominer"
Jules Renard

Le luxe de demain sera la lenteur dans le silence. De
nos jours, il est en effet difficile de ne pas succomber au
stress permanent que la modernité nous inflige au
quotidien, comme si nos vies n'avaient d'autres possibilités
que d'être soumises au règne de la productivité de masse
dans une fuite en avant vers le toujours plus rapide, plus
performant, plus efficace. Il suffit d'ailleurs d'observer le
quotidien d'une grand majorité des français. Entre la
course du matin pour mettre ses enfants à la crèche ou à
l'école, l'obligation d'être à temps au travail, l'enfer des

transports publics et des embouteillages pour ceux qui habitent en zone urbaine, l'injonction de compétitivité subie dans l'entreprise, l'entretien de la maison, les devoirs des petits ou, sans clore cette interminable liste, la disponibilité que l'on se doit de trouver pour son conjoint et le reste de sa famille, il n'est pas difficile de comprendre que nous sommes tous asphyxiés par les obligations de la vie moderne.

Face à ce constat, l'une des solutions consiste à s'efforcer de simplifier votre emploi du temps. Pour se faire, privilégiez la planification, et dans une certaine mesure la procrastination. Il ne s'agit pas ici de vous encourager à toujours remettre à demain ce que vous pourriez faire le jour-même, attitude qui sur le long terme vous porterez préjudice. Plus simplement, nous constatons tous au quotidien que nous avons nous-mêmes la fâcheuse habitude d'imposer à nos journées des obligations qui n'en sont pas. Pourquoi par exemple vouloir absolument aller ce soir au cinéma ou chez vos parents, alors que votre journée fut déjà bien chargée ? Certes la pression sociale est forte, une fois de plus. Une vie réussie serait en effet obligatoirement une vie bien remplie, faite de rendez-vous professionnels importants, de difficultés à surmonter avec courage et de moments intenses au quotidien. Pourtant, l'omniprésence rime souvent avec incompétence. A force d'être partout, on finit par n'être véritablement nulle part.

Au travail, Il est ainsi préférable de privilégier la productivité véritable à la multiplication des heures de présence. De même, sur le plan social, familial et affectif, la qualité de vos relations est préférable à leur quantité. Ne cherchez pas à vous dupliquer, vous ne ferez qu'amoindrir la valeur de vos efforts et de vos investissements personnels. Il faut en effet parfois se forcer à dire STOP, à admettre que l'on ne peut pas être partout, à simplement dire non, dans l'optique de se poser et de se retrouver soi-même, face à ce monde en perpétuel mouvement.

Cette attitude que préconisait déjà avec justesse Sénèque qui voyait dans le fait de se retirer du monde actif l'une des sources du bonheur, vous permettra de vous réconcilier avec vous-mêmes, de trouver parfois des moments plénitude et de réussir a faire le point avec votre être intérieur, celui que la vie quotidienne annihile sans cesse par les obligations et la pression sociale.

APPRENDRE À ÊTRE SOI-MÊME

« La vraie grandeur consiste à être

maître de soi-même »

D. Defoe

Les règles édictées par la société dans laquelle nous vivons pèsent considérablement sur nos épaules. Nous y sommes soumis de façon permanente et le plus souvent de façon inconsciente, toute notre vie, du jour de notre naissance jusqu'à celui de notre mort. Les sociologues, depuis Émile Durkheim, utilisent à ce sujet le terme Institution. Les institutions, qui exercent à notre égard une force contraignante, sont faites des façons de penser et d'agir que la société attend de nous en chaque circonstance. Et lorsque nous dérogeons à ces règles, nous prenons systématiquement le risque de la sanction sociale.

Ces règles, ces codes auxquels nous devons nous soumettre afin de rester dans le rang, sont admises de tous par le biais de l'éducation que nous recevons. Elles ne sont pourtant pas toujours faciles à suivre. Et dans certains cas, elles peuvent même être préjudiciables. Traçant une ligne supposée imperméable entre ce qui relève du bien et ce qui représente le mal, la Norme sociale issue des institutions précédemment évoquées nous dicte en permanence ce que nous devrions être. A l'école par exemple, il faut être studieux. De même qu'au travail, il faut être obéissant ou qu'envers ses proches, il faut être attentif. Les exemples pourraient ici être multipliés à l'envie. À chaque circonstance de la vie, correspond en effet une norme sociale à laquelle chacun devrait en principe se plier, à tort ou à raison.

Il résulte de ce mécanisme normalisateur une volonté parfois violente d'effacer les différences, les singularités.

Pourtant, nous sommes tous différents les uns des autres, et c'est même cette diversité qui fait la richesse de nos sociétés et de l'humanité toute entière. Ainsi, il faut parfois avoir le courage de refuser les excès de formalisme. Ce n'est pas parce que votre comportement n'est pas totalement conforme à celui que vos collègues de travail ou votre famille attendent de vous, que vous êtes pour autant dans l'erreur. Bien au contraire, par votre différence, par votre refus de vous soumettre au dictat de la norme, vous offrez à votre entourage la possibilité de voir les choses autrement, de penser autrement.

Il ne faut donc pas hésiter à remettre sans cesse en questionnement la norme sociale. Telle ou telle norme est-elle véritablement la meilleure pour vous ? Faut-il uniquement faire les choses parce que la société vous dit qu'il est préférable de les faire de telle ou telle autre manière ? Prenons une fois de plus un exemple. Depuis l'invention en Europe de la famille bourgeoise au XVIII eme siècle, il est communément admis qu'une famille "correcte" est constituée de préférence d'un père, d'une mère, tous deux mariés, et d'enfants issus de cette union légitime. Les historiens de la famille parlent même à ce sujet du modèle de la « Bonne Famille » , comme si les autres types de structures familiales étaient dès lors moins acceptables. Ce modèle de la famille classique a certes vécu. Aujourd'hui, il est d'ailleurs remis en cause dans les faits. Mais il n'en reste pas moins que cette représentation a laissé des traces très vives dans notre culture. De nos jours encore, pour être pleinement intégré socialement il est préférable d'être en couple, hétérosexuel de préférence - même si les points de vue évoluent -, mariés si possible et surtout avec des enfants. Le bonheur peut bien évidemment passer par ces éléments. Être en couple et avoir des enfants est dans bien des cas une source indéniable de satisfaction. Mais est-ce pour autant obligatoire ? À y regarder de plus proche, on se rendra surtout compte que ces normes, liées au domaine de la famille dans le cas présent, sont surtout devenues pour certains un véritable poids. Il est en effet parfois difficile de supporter le regard des autres lorsque votre vie ne correspond pas pleinement a la vision que ceux-ci se font de ce que devrait être votre vie. Pas facile d'être célibataire lorsque vous amis sont en couples. Pas facile non plus d'être un couple sans enfant lorsque toute votre famille vous réclame une descendance, au nom justement de votre bonheur et de la plénitude que vous laisseriez passer si vous décidiez de ne pas en avoir.

Il n'est pas ici question de vous inciter à rejeter la norme, sous prétexte que celle-ci en est une et qu'à ce titre elle vous est imposée. Être dans la norme permet l'intégration sociale, et celle-ci est une source indiscutable de bonheur. Ce n'est pas un hasard si les études démontrent que la propension au suicide est généralement inverse au degré d'intégration sociale. Pour autant, il faut aussi apprendre à être vous-mêmes, à vous affirmer face à la force constante et contraignante du regard porté par la société sur vos faits et gestes. En un sens, la question à toujours avoir en tête est la suivante : dois-je faire les choses simplement parce que les autres me disent que c'est bien de les faire ? Ou dois-je plutôt faire des choix en fonction de ce que je pense intimement être le meilleur pour moi ? Bien évidemment, les réponses à ces questionnements ne sont jamais simples à produire. Mais le simple fait de vous imposer cette réflexion devrait à minima vous autoriser un certain recul à l'égard des nombreuses injonctions normatives auxquelles nous sommes sans cesse soumis. Et surtout, n'ayez jamais peur d'être vous-même.

DE LA CONSISTANCE COGNITIVE

« C'est une belle harmonie
quand le dire et le faire vont ensemble »
Montaigne

Être heureux implique une forme d'équilibre intérieur. On imagine mal en effet qu'une personne puisse être pleinement satisfaite et se sentir véritablement bien lorsque des tensions intérieures agitent son esprit. En d'autres termes, il faut ainsi pour être heureux être en accord avec soi-même. Et pour ce faire, il est important, avant toute chose, de ne pas avoir peur de faire face à soi-même, d'interroger son for intérieur, de se poser les questions sur celui ou celle que vous êtes véritablement. Il faut donc affronter vos démons, osez mettre le doigt sur les questions qui vous dérangent, avoir l'audace si nécessaire de plonger dans l'obscurité de votre passé et savoir parfois assumer à la fois vos souffrances et vos erreurs.

Cette démarche n'est pas chose aisée. Elle s'accompagne même bien souvent de quelques douleurs. Elle implique également des efforts et de la patience. Et cette pratique qui n'a pour ainsi dire rien de naturelle demande un minimum de rigueur. Je vous conseille d'entretenir quotidiennement ce dialogue intérieur avec vous-même. Il ne suffit que de quelques minutes durant lesquelles vous prenez le temps de vous extraire du quotidien afin de réfléchir à celui ou à celle que vous êtes véritablement, à votre identité fondamentale. Certains trouveront d'ailleurs ici dans l'écriture, dans l'expression artistique ou même dans la prière le moyen d'interroger leur conscience. Qu'importe le vecteur, du moment qu'il facilite la méditation.

Ce questionnement d'ordre existentiel, cet instant de rencontre privilégié avec vous-mêmes, qu'il soit ponctuel ou répété, court ou long, profond ou évasif, doit permettre in fine de favoriser ce que l'on appelle en psychologie sociale la consistance cognitive. Il s'agit ici de faire en sorte que vos pensées soient en accord avec vos actes. Il n'est pas de principe plus déstabilisant que d'avoir un comportement en totale inadéquation avec votre psyché. Il est pourtant fréquent et facile d'être dans une telle situation. Il nous arrive à tous, dans certaines circonstances, de se sentir obligés d'agir d'une manière contraire à nos convictions profondes. Le plus souvent, cette dissonance cognitive - contraire donc à la consistance - résulte de la pression sociale que nous subissons et qui nous dicte ce que doivent être nos comportements, indépendamment de ce que nous pouvons en penser. C'est ce qu'il arrive pas exemple lorsque vous mettez un point d'honneur à être le plus sincère possible avec votre entourage et que les règles tacites de la bienséance vous obligent parfois à faire preuve d'hypocrisie. Pour autant, il faut essayer au maximum d'éviter ces situations et toujours faire en sorte d'être en accord avec soi-même. C'est l'une des conditions de l'équilibre intérieur. C'est donc pour cela qu'il est conseillé de faire le point régulièrement avec votre pensée, de manière à pouvoir agir et faire vos choix de vie en harmonie avec votre psyché.

NE PAS S'INQUIÉTER
INUTILEMENT

« Si le problème a une solution,
il ne sert à rien de s'inquiéter.

Mais s'il n'en a pas,
alors s'inquiéter ne change rien »
Proverbe Tibétain

Le monde dans lequel nous vivons est une source permanente d'inquiétudes. Son fonctionnement et le système dans lequel nous évoluons au sein des sociétés modernes est particulièrement anxiogène. Aux peurs ancestrales de la survie, de la mort et de notre devenir, se sont ajoutées dans les sociétés individualistes de nombreuses sources de fragilité. De nos jours, notre destin repose quasi intégralement sur les épaules de chacun. La communauté n'est plus là pour nous apporter sans cesse son indéfectible soutien. Au contraire, et au nom de la liberté individuelle, il revient à chacun de se saisir de sa vie. Par ailleurs, nos vies sont fragiles car personne n'est à l'abri de tout perdre, brusquement. Il est en effet tout à fait possible de mener une vie visiblement protégée de la précarité - avoir par exemple une maison, une épouse et des enfants - et subitement, sous les effets d'une rupture provoquée par un élément extérieur, de tout perdre, ou presque, en un temps très limité.

Notre monde est donc anxiogène. Et les questions angoissantes qu'il suscite inévitablement nombreuses : Vais-je réussir mes études ? Trouverai-je un travail ? Serai-je me faire aimer longuement de mon épouse ? Suis-je à la hauteur ? Vais-je réussir à tenir le coup jusqu'à la retraite ? etc., etc....Ces angoisses sont polluantes. Elles prolifèrent avec une aisance et une vitesse déconcertantes et peuvent gagner une place non négligeable dans nos existences, au point dans certains cas de littéralement nous pourrir la vie et nous interdire l'accès au bonheur.

Le philosophe Sénèque avait en son temps une position qui mérite ici notre attention. Face aux aléas du quotidien, à la mort et à la maladie notamment, son positionnement philosophique consiste à ne pas s'inquiéter pour tout ce qui ne dépend pas de lui. Il s'agit en fait d'une certaine forme de fatalisme. Si la mort ou la maladie me frappent, c'est que celle-ci doit avoir un sens auquel je ne peux de toutes façons échapper ? Dès lors, pourquoi s'inquiéter inutilement ! Les seules choses pour lesquelles nous puissions véritablement nous faire du souci sont celles qui découlent directement de nos actes. Et elles sont déjà suffisamment nombreuses. Nul doute dès lors qu'il soit opportun, dans l'objectif de gagner en sérénité au quotidien, de ne plus s'inquiéter pour les éventualités qui ne dépendent pas de votre volonté. Votre entreprise va peut-être bientôt fermer sous les effets de la crise et cela vous inquiète pour votre avenir professionnel ? C'est bien normal et tout à fait compréhensible, mais il faut pourtant s'astreindre en tel cas à ne pas laisser cette inquiétude envahir votre quotidien. Contentez-vous dans la mesure du possible de faire votre travail au mieux, de participer aux efforts collectifs au sein de votre entreprise, et pour le reste faites l'effort de lâcher prise. Vous ne serez en effet utile à personne, et surtout pas à vous-même, en surestimant sans cesse la potentialité d'une mauvaise nouvelle.

Il en est de même pour toutes choses. Si ça ne dépend pas directement de vous, il faut se forcer à ne pas s'en préoccuper de trop, de façon à limiter les incidences négatives de cette éventualité sur votre humeur. Dans la vie, il faut savoir affronter chaque problème en son temps. C'est la condition même de votre efficacité à les résoudre.

APPRENDRE À POSITIVER

« En vérité, le chemin importe peu,

la volonté d'arriver suffit à tout »

A. Camus

Si la vie recèle souvent des coups durs et que certaines épreuves sont extrêmement difficiles à traverser, il est aussi utile de souligner l'extraordinaire capacité que détient chacun de nous pour affronter ces évènements. Pour s'en convaincre, je vous invite à vous remémorer un moment particulièrement douloureux de votre vie, et à mesurer le chemin parcouru depuis. Vous vous rendrez compte sans nul doute que vous possédez, comme tout un chacun, une force en vous d'une capacité étonnante. Avec de la volonté, on peut surmonter les pires difficultés, franchir littéralement des obstacles qui paraissaient pourtant insurmontables. Tout ce qui ne me tue pas me rend plus fort. La célèbre formule de Nietzsche revêt ici tout son sens.

C'est ainsi qu'il faut apprendre à positiver son existence, en prenant conscience qu'une force inébranlable sommeille en vous.

Positiver c'est aussi un état d'esprit, une attitude à adopter au quotidien qui peut être appliquée très simplement de la manière qui suit :

- Se fixer des objectifs : perdre deux kilos, nettoyer le jardin, repeindre la chambre ou s'arrêter de fumer sont autant d'exemples d'objectifs, plus ou moins grands, plus ou moins difficiles à atteindre, qui permettent de se rendre compte au fil des jours que les obstacles que l'on décide de franchir sont toujours surmontables. Au final, c'est donc votre confiance en vous-même qui s'en trouvera progressivement renforcée.

- Prendre soin de soi : il est important dans un monde qui ne vous laisse que peu de répits, de se ménager des temps pour soi. On pourrait même invoquer l'injonction, une à deux fois par mois, d'un *Pampering Day*, d'une journée - ou à défaut de quelques heures - que vous ne consacrerez qu'à la plénitude de votre corps et de votre esprit. Certains aimeront pratiquer du sport, d'autres faire des soins du visage ou plus simplement aller se balader en pleine nature pour se ressourcer. Qu'importe la manière, le but étant de vous faire plaisir.

- Partager ses émotions : Les hommes et les femmes sont avant tout des êtres sociaux. Le bonheur passe donc inévitablement par notre entourage, par le fait de se sentir bien avec ceux qui nous sont proches. Et ce capital social s'entretient au quotidien. Pour cela c'est assez simple, il faut partager. Et quoi de mieux que de partager ses émotions, positives comme négatives, avec ceux que l'on apprécie le plus ? Décrocher son téléphone pour raconter à sa copine le film génial qui vous a fait rire ou pleurer la veille, aller chez ses parents pour leur raconter les évènements de votre semaine ou prendre un pot avec un ami pour lui confier vos secrets sont autant de manières différentes de faire sentir à votre entourage qu'ils comptent à vos yeux. Et cet amour et ces attentions que vous donnez, ceux qui vous aiment vous le rendront toujours.

- Sourire et se rendre serviable : Il est toujours fort agréable d'avoir le sentiment de s'être rendu utile ou d'avoir fait preuve de gentillesse gratuitement. Ça fait du bien au autres autant qu'à vous. C'est d'ailleurs en ce sens que Marcel Mauss évoquait l'économie du don-contre-don. Un don n'est en effet jamais totalement gratuit puisqu'il implique une dette à votre égard de celui qui le reçoit, et que de surcroit il suscite chez celui qui fait le don une forme inévitable d'autosatisfaction. Et c'est bien là que réside l'essentiel à retenir. Donner de soi, partager, communier dans ses formes les plus généreuses, fait du bien à tous : à vos proches, à la société, et à vous-même. Il ne faut donc pas s'en priver, tout comme le sourire que l'ont fait au voisin ou aux collègues de travail qui, lorsqu'il n'est pas forcé, rend immédiatement l'atmosphère plus plaisante et votre vie, au final, bien plus agréable.

RELATIVISER VOS MALHEURS

« Le bonheur naît du malheur,

le malheur est caché au sein du malheur»

Lao-Tseu

Ma vie professionnelle fut jalonnée quotidiennement de souffrances et de malheurs. Ce n'était pas toujours facile d'y faire face, mais il était de mon devoir de passer outre cette douleur afin d'être efficace et disponible pour mes patients et mes collègues en toutes circonstances. Ça faisait partie du job, et je le savais. Ce n'est pas pour autant que l'on arrive à s'y habituer ; Bien au contraire. Mais cette dure réalité m'a permis de rapidement prendre conscience qu'il y a toujours sur cette Terre plus malheureux que soi. On ne peut s'en réjouir, mais il en va ainsi. Et le fait de mesurer l'incroyable cruauté dont est parfois capable la vie et le «génie» dans l'horreur dont elle peut faire preuve, possède au moins comme avantage de relativiser considérablement les malheurs auxquels on est soi-même inévitablement confronté.

Observer cette souffrance parfois extrême et constater que face à elle les Hommes et les Femmes de toutes conditions, de toutes cultures et de tous âges sont capables de résister et de continuer à vivre fut pour moi une véritable Leçon, un enseignement philosophique d'une profondeur inestimable qui constitue aujourd'hui à mes yeux l'une de mes plus grandes richesses. Je repense souvent à cette jeune femme, au nord de l'Arménie, qui venait de perdre son mari et trois de ces enfants lors du grand séisme de 1988. Elle avait tout perdu, ou presque. Dans de telles circonstances, elle aurait pu implorer la mort de venir la prendre. Et pourtant, elle restait digne. Droite comme un «i». Forte comme un chêne. Elle savait que ses parents et ses amis avaient aussi besoin d'elle. «Je dois aller les aider» répétait-elle sans arrêt à l'équipe médicale qui lui conseillait de rester quelques heures supplémentaires dans le campement afin de reprendre des forces. Cette puissance, cette volonté de vivre, je l'ai vue dans ses yeux et m'en rappellerai toujours.

Lorsque vous avez le sentiment d'être submergé par vos problèmes, que ceux-ci vous paraissent insurmontables et qu'ils polluent littéralement vos pensées et vos existences, je vous invite à mesurer l'ampleur de la souffrance qui existe en ce monde. Nul besoin de chercher bien loin. Regardez autour de vous. Observez. Vous constaterez sans trop de difficultés que certaines personnes souffrent probablement plus que vous, et parfois même sans pour autant manifester un quelconque signe d'abandon ou de volonté de baisser les bras.

La vie est un éternel combat, une sorte de lutte incessante entre le Bien et le Mal, entre le Bonheur et le Malheur. Et dans ce combat, même s'il est par moment terriblement difficile, il ne faut jamais perdre l'espoir d'un lendemain meilleur. N'oubliez pas que vous possédez en vous cette force incroyable, celle de votre esprit et de votre volonté. Le fait de s'obliger à relativiser votre malheur vous aidera à mobiliser toutes les forces qui sommeillent en vous et à faire renaitre sans cesse le miracle de la Vie dans vos existences. Pensez à toutes ces personnes qui ont connu le pire et qui ont néanmoins réussi à faire que la vie reprenne le dessus.

Relativiser c'est aussi prendre conscience que dans toutes choses, même négatives, il y a du bon. Lorsque vous perdez votre travail par exemple, ou que vous vivez une séparation affective, l'épreuve est certes difficile, mais elle est aussi l'occasion d'un renouvellement dans votre existence dont les incidences sont potentiellement positives. C'est ainsi qu'il faut apprendre à tirer profit des pires difficultés. Même la mort d'un proche, pourtant terrible à vivre, peut être envisagée de la sorte sous certains de ses aspects. Pensez pour cela à ces moments privilégiés que vous avez passés avec la personne malheureusement disparue. Pensez aussi à la chance que vous avez eu de la connaître et des enseignements que vous avez reçus d'elle. Nul doute que tous ces bons souvenirs passés à ses côtés vous aideront à surmonter le deuil.

Il ne faut donc pas se focaliser sur votre sort. Il faut apprendre à regarder plus loin, et prendre conscience que le bonheur est aussi une chose qui se mérite, et qui nécessite de casser cette dynamique égocentrique consistant à percevoir votre malheur comme étant le plus important du monde. Vous constaterez dès lors qu'il n'en est rien, et que vous possédez en vous les ressources largement nécessaires pour passer outre ces difficultés.

APPRENDRE À VIVRE L'INSTANT PRÉSENT

« Cueille le jour présent
sans te soucier du lendemain »
Horace

La vie n'est pas toujours un long fleuve tranquille. Nous connaissons tous des moments heureux, et d'autres qui le sont moins. Et d'une certaine manière c'est bien mieux ainsi. Il faut en effet accepter l'idée que nous ayons besoin dans nos vies à la fois de bonheur, mais aussi et plus paradoxalement d'un peu de malheur, le tout étant bien évidemment une question de proportion entre ces deux extrêmes, personne ne pouvant souhaiter d'être continuellement contraint à traverser dans sa vie des moments difficiles. Toutefois, il s'agit ici de rappeler que c'est le fait d'avoir conscience des aléas de la vie et de ses difficultés, la mort comme la maladie étant ici des exemples particulièrement pertinents, qui permet en retour de profiter pleinement des moments de bonheur, grands et petits, que nous offre aussi cette même vie. Lorsque ces instants précieux se présentent, il ne faut pas hésiter à les saisir avec force, comme le préconisait d'ailleurs Horace dont la formule *Carpe Diem* est restée célèbre. Horace était un hédoniste. La recherche de la jouissance du présent était donc essentielle à ses yeux. Mais il n'était pas pour autant le défenseur d'un hédonisme radical qui consisterait à ignorer totalement les lendemains pour n'être que dans la jouissance extrême de l'instant. Bien au contraire, c'est pour lui la conscience que le futur n'existera peut-être pas, que nos existences sont si fragiles, qui nous oblige à savourer les instants de bonheur qui s'offrent à nous.

Mon expérience personnelle m'incline donc à adopter une philosophie de la jouissance de l'instant présent. La vie est bien trop fragile, bien trop fugace, pour que nous puissions nous permettre de ne pas en savourer pleinement les instants de bonheur. Autorisez-vous à apprécier ces moments, même si votre esprit est encombré par les soucis du quotidien. Ne vous sentez pas coupables. Prenez du bon temps. laissez vos problèmes de côté, faites le vide dans votre tête et apprenez à vivre l'instant présent.

Si vous rencontrez des difficultés à faire le vide dans votre esprit, à nettoyer votre tête des soucis qui l'encombrent, des techniques simples existent. Celles-ci sont d'ailleurs enseignées par les coachs sportifs dont l'objectif est de permettre d'améliorer les performances physiques de leurs élèves. L'une des techniques de base consiste ici à se concentrer sur l'évènement présent et à visualiser son corps dans l'espace, à l'instant T, dans l'optique de ne faire qu'un avec l'action. Les sportifs parlent ici d'*Imaging* : se projeter en situation pour gagner en efficacité le moment venu. Dans un cas extérieur au domaine sportif, et dans l'intention d'être psychologiquement en mesure de profiter au maximum des évènements agréables de la vie, le conseil qui peut être donné consiste à se voir, mentalement, en train de prendre du bon temps. Il est d'ailleurs préconisé, lorsque cela est possible, de se préparer en amont, en se visualisant en situation. Dès lors, vous réussirez de la sorte, comme les sportifs qui se sont préparés de manière adéquate, à vous comportez de façon positive. Dans le domaine sportif justement, on fait souvent appel aux outils fournis à titre d'exemple par la programmation neurolinguistique - la PNL - de façon à mobiliser pleinement les ressources inconscientes de la personne dans le but que celle-ci adopte les comportements les mieux adaptés à la réussite. C'est donc une forme de conditionnement positif du corps par l'usage des forces inconscientes. Et nous l'avons déjà mentionné à plusieurs reprises : la force de votre esprit est surprenante. Cette force se travaille, comme pour n'importe quel autre muscle de votre corps. Le bonheur ça s'apprend, et ça se prépare.

Et n'oubliez pas que penser positif, c'est être positif. Si vous partez en soirée avec l'idée fortement ancrée dans votre esprit que celle-ci va mal se dérouler, il est alors fort probable que vous vous comportiez, inconsciemment, de manière à ce que cette soirée ne vous soit effectivement pas agréable. Il faut contraire partir du principe que vous allez appréciez ces instants, vous mettre en condition pour réussir à prendre du bon temps. Il en est de même pour tous les évènements de votre existence. Que vous ayez par exemple un rendez-vous galant ou un entretien d'embauche - la logique de la séduction dans ces deux situations étant similaire sur bien des points - il ne vous sera jamais utile de partir vaincu(e) à l'avance. Il faut en revanche apprendre à se faire confiance et mesurer l'ampleur de votre potentiel. Faites un listing de vos qualités, de ce que disent en bien de vous vos proches, et vous verrez que vous possédez les atouts nécessaires à la réussite, à condition bien évidemment d'être en condition de les mettre en avant, de les faire valoir. Et pour cela, faites vous confiance et ne vous laissez pas absorber par tous les problèmes du quotidien. Ceux-ci ne sont que passagers. Votre force intérieure, elle, en revanche, sera toujours présente, à votre service, dès lors que vous ne craindrez plus de l'utiliser.

NE PAS ATTENDRE D'ÊTRE HEUREUX

« Le bonheur va et vient
et ne s'attarde pas toujours aux plus méritant
mais à ceux qui apprennent
à le saisir au passage »
D. Desbiens

Dans la continuité du chapitre précèdent, profiter de l'instant présent c'est aussi ne pas remettre continuellement à demain ce qui peut vous rendre heureux. Si vous vous dites souvent que dans quelques années ça ira mieux, lorsque vos enfants seront grands par exemple, c'est que quelque chose doit changer dans votre vie présente.

Le bonheur, ça ne se remet pas à demain. Il ne faut jamais attendre d'être heureux. Si voyager, reprendre vos études ou changer de profession vous semble être des sources de bonheur, pourquoi attendre ? N'ayez pas peur. La vie est faite de changements. Certains sont positifs et d'autres le sont parfois moins. Mais quoi qu'il en soit, profitez de la vie dès à présent. Et qu'importe ce qu'en dira votre entourage. Si vos proches vous aiment, ils vous comprendront.

Ayez confiance en vous et dans les choix que vous faites. Vous seuls êtes à même de savoir ce qu'il y a de mieux pour vous. Ne laissez pas les autres décider à votre place, au risque de voir un jour s'installer l'amertume de ne pas avoir choisi vous-même le chemin que doit prendre votre existence.

Et si les choix de vie sont parfois difficiles à prendre, ayez toujours à l'esprit que nos existences en dépendent et qu'il est inévitable que certains d'entre-eux ne soient pas les meilleurs. Mais qu'importe, puisque nos vies sont aussi faites de changements. Si vous faites un mauvais choix, nul doute que vous serez toujours à temps de corriger vos erreurs. Et si quand bien même tel n'est pas le cas, tout le monde à le droit de ne pas toujours être juste. N'hésitez donc pas à vous saisir de votre avenir, en effectuant les choix qui selon votre appréciation vous conduiront sur le chemin du bonheur.

Il faut ainsi apprendre à se faire confiance, à faire confiance à la force de vos convictions et de vos intuitions. Nombre d'exemples pourraient être cités qui démontrent combien il faut parfois écouter cette musique intérieure qui vous indique le chemin à prendre, quand bien même celui-ci ne vous est pas conseillé par vos proches. Pensez par exemple à Hitchcock qui fit de Psychose son plus grand succès cinématographique, alors que tout le monde lui déconseillait de produire ce film dont l'histoire, inspirée pourtant de faits véridiques, semblait trop étrange pour être adaptée à l'écran de façon réaliste. Dans un autre registre, songez à toutes ces innovations technologiques qui ont assurées la richesse de leurs concepteurs et qui eurent néanmoins les pires difficultés à convaincre avant leurs sorties commerciales. Je pense ici notamment au four à micro-ondes et aux tablettes numériques, deux types de produits qui ont tout de même fini par inonder les foyers. Preuve est donc faite qu'il faut toujours porter une attention soutenue à ce que vous dicte votre esprit. Preuve aussi qu'il n'est pas de Génie sans cette capacité à suivre ses intuitions au-delà de ce que pense le reste de la société. Ceux qui réussissent le mieux sont ceux qui ne perde jamais l'espoir de la réussite, savent s'affranchir des barrières du formalisme et possèdent la Vista, cette perception particulière des choses qui permet comme nulle autre de se projeter en avant, de prédire et d'infléchir en conséquence la course de l'avenir.

NE PAS CULPABILISER
INUTILEMENT

> « Avec la culpabilité, le malheur
> est la chose la plus démocratique du monde.
> On y a tous droit à un moment ou à un autre »
> E. Neuhoff

Il est parfois plus facile de se sentir malheureux que d'assumer son bonheur. Notre culture est en effet fondée en partie sur la notion de culpabilité. On en trouve les sources dans notre héritage judéo-chrétien qui a longtemps eu tendance à percevoir la vie sur Terre comme devant être douloureuse. Le chemin pour atteindre le Ciel serait obligatoirement pavés de souffrances. La vie sur Terre ne serait d'ailleurs faite pour l'essentiel que de pêchés. Et le bonheur, d'une certaine manière, fait partie de ces pêchés qui conduisent au purgatoire. Être heureux, profiter pleinement de la vie, prendre du plaisir ont toujours été quelque peu suspects. Et de nos jours, alors que nous vivons dans un monde qui s'avère dans certaines circonstances particulièrement cruel, il n'est pas toujours facile d'assumer à la fois son désir d'être heureux, et le fait de l'être lorsque c'est le cas. Je suis certaine par exemple qu'il vous est déjà arrivé d'être dans une situation quelque peu délicate où, face à un(e) ami(e) qui vous raconte ses petits et ses grands malheurs, vous n'osez pas lui racontez que vous venez, au contraire, de passer des vacances extraordinaires au bout du monde et que votre couple se porte comme au premier jour. Il est souvent très culpabilisant d'expliquer que tout va bien dans votre vie à une personne qui, à cet instant, pourrait mal interpréter vos propos, ou pire, vous jalouser.

Une fois ce constat posé, il convient néanmoins de relativiser les choses. Il n'y a rien de mal à chercher le bonheur, à vouloir être heureux, et encore moins de l'être. Dès l'instant où vous ne portez atteinte à personne, en quoi cela serait-il mal ? Cette frontière entre le bien et le mal est d'ailleurs toujours relative. Il faut avoir à l'esprit que non seulement la différence entre ce qui est bien et ce qui est mal varie en fonction des cultures, mais elle évolue de plus dans le temps. Certains comportements qui sont aujourd'hui tolérés ne l'étaient pas dans le passé. Dans le domaine de la famille, nous pourrions donner de nombreux exemples, comme celui de vivre en couple sans être marié qui ne pose plus aucun problème mais qui était pourtant mal accepté par la société il n'y a que quelques dizaines d'années en arrière. Preuve est donc faite qu'un comportement ou un choix de vie que l'on pourrait vous reprocher aujourd'hui pourra très bien faire l'objet plus tard d'une validation sociale. Dès lors, il est inutile dans bien des cas de culpabiliser. Si tel ou tel autre choix de vie vous paraît indispensable à votre bonheur, n'attendez pas désespérément que celui-ci soit approuvé par votre entourage de manière à vous éviter toute forme de culpabilité. Posez-vous les questions suivantes : dois-je véritablement me sentir coupable ? Et si oui, pour quelle raison ? Vous verrez que le plus souvent la réponse à la première question sera négative. Car si vos décisions ne portent atteinte à personne, il paraît peu probable que vous ayez de bonnes raisons de culpabiliser.

Il ne faut pas non plus culpabiliser d'organiser votre vie de façon à ce qu'elle soit la moins pénible à vivre à vos yeux. Si le travail à temps partiel vous convient mieux, ou que vous préférez mettre vos enfants à la crèche certains jours de la semaine alors que votre emploi du temps vous permettrait très bien de vous en occuper vous-même aux périodes concernées, vous n'avez pas besoin de vous justifier. C'est votre choix. Il faut l'assumer et ne pas hésiter à le revendiquer. N'hésitez pas non plus à ne restreindre votre quotidien, au maximum et dans la mesure du possible, qu'aux activités qui vous plaisent le plus. Nous sommes tous certes obligés de travailler, et ce travail n'est pas toujours une source d'épanouissement personnel. Qu'il le soit ou qu'il ne le soit pas, ayez conscience que votre vie ne se résume pas à votre travail, la routine Métro-Boulot-Dodo étant probablement la pire ennemi du Bonheur. À l'inverse, organisez-vous pour que votre semaine comporte également des moments qui ne sont tournés que vers votre jouissance personnelle. Il n'y a rien d'égoïste à cela. Le fait de s'aménager des temps pour soi vous permettra aussi d'accroitre votre disponibilité pour les autres. Et quoi qu'il en soit, il ne vous servira jamais à rien de culpabiliser. Choisissez, assumez, et vous verrez que votre vie n'en sera que plus agréable à vivre.

NE PAS SUCCOMBER AUX SIRÈNES DE LA SURCONSOMMATION

« Notre société dite de consommation

est le plus grand dépressif qui soit.

Robotisés, nous ne nous en rendons

pas toujours compte.

Nous n'en avons pas le temps »

W. Lemoine

Nous vivons dans une société de consommation. Le fait de consommer alimente le système économique, et ce n'est pas dans ces pages que vous lirez des thèses tournées vers la décroissance et la nécessité de ne plus consommer.

La consommation est d'ailleurs elle-même devenue une source de bonheur dans nos sociétés où les tentations et les sollicitations mercantiles sont partout présentes. Difficile également de s'intégrer socialement sans consommer. Pour autant, si la consommation n'est pas ici remise en cause en tant que source de bonheur, la surconsommation est quant à elle bien plus discutable.

Ce qui est frappant c'est que la course consumériste effrénée à laquelle nombre d'entre nous succombent avec aisance conduit bien souvent à la frustration. Des études menées dans le champ de la psychologie ont ainsi démontré que les plus matérialistes sont statistiquement les personnes qui se disent être les moins satisfaites. Tim Kasser souligne à ce sujet que ces mêmes personnes sont souvent plus touchées par la maladie physique et mentale, comme si le fait de toujours vouloir consommer plus ne pouvait conduire in fine qu'à la dépression.

Le mode de l'obsolescence programmée auquel nous avons tous succombé, cette idée que les objets de consommation doivent être renouvelés de façon continuelle et que tout est finalement destiné à être jetable, est aujourd'hui problématique à bien des égards. Outre le fait qu'elle soit désormais discutable y compris sur le plan économique et qu'elle soit aussi devenu l'objet de vives inquiétudes au niveau écologique, la surconsommation est de plus un vecteur inévitable d'insatisfaction, et de ce fait une entrave au bonheur de chacun. Si vous cherchez par exemple à toujours posséder le dernier smartphone à la mode ou l'ultime technologie informatique, il est fort probable, à moins d'en avoir les moyens financiers, que le fait de ne pas réussir à suivre la tendance finisse par être frustrant. Ces objets nous obligent en outre à travailler durement pour pouvoir nous les offrir, et il peut même arriver que le fait de gagner de l'argent lorsqu'il n'est destiné qu'à ce type de consommation en perde une partie de son sens.

Face à ces constats, les recommandations paraissent évidentes. Il suffit effectivement de préférez à la surconsommation une consommation raisonnée. En un sens, consommer mieux plutôt que consommer plus. Les questions à se poser avant de faire des achats sont les suivantes : En ai-je véritablement besoin ? Les heures de travail nécessaires au financement de cet achat en valent-t-elles la peine ? Et finalement, cet objet va-t-il durablement me rendre heureux ?

Il faut donc, comme pour toutes choses, savoir faire preuve de modération et ne pas se laisser piéger par la surconsommation de produits qui ne sont pas indispensables et qui risque de vous entrainer dans une spirale infernale dont l'une des finalités sera inévitablement d'agir contre votre taux de satisfaction général, et de ce fait contre votre bonheur. Certains économistes, conscients des limites d'un système basé uniquement sur la consommation, utilisent même, comme alternative au Produit Intérieur Brut, des indices qui intègre les notions de satisfaction et de bonheur, comme le Bouthan dont la devise, appliquée y compris sur le plan économique, est la suivante : « *Gross National Happiness is more important than Gross National Product* » (Le bonheur national est plus important que le produit national brut).

CONCLUSION

Il n'est jamais facile de conclure un ouvrage qui traite d'un sujet aussi vaste. Il résulte néanmoins des pages qui précédent quelques points, trois au minimum, qui méritent ici d'être soulignés.

Il semble en effet que le Bonheur, entendu comme une forme très générale de bien-être et de plénitude, implique d'avoir conscience des principes qui suivent :

Le Bonheur est une construction

Partir du principe selon lequel le Bonheur est une construction signifie que celui-ci, dans la mesure où il n'est pas donné, est accessible à tous pour peu qu'on se donne la peine de s'en emparer, en adoptant une philosophie et des comportements adéquats. C'est en ce sens que le Bonheur s'apprend et se construit. Il nécessite quelques apprentissages, quelques efforts aussi, mais peut avec aisance être atteint. Si le malheur n'est donc pas une fatalité, le Bonheur quant à lui est une véritable opportunité. À vous de la saisir.

Pour être heureux, il faut savoir se faire confiance

La confiance est indubitablement un élément clef du Bonheur. Et pour être confiant il faut avoir pleinement conscience de la Force qui sommeille en chacun de nous. Face à l'adversité, aux problèmes du quotidien et aux instants difficiles de nos existences, notre esprit est l'arme la plus puissante qui existe. Nous sommes tous capables de déplacer des montagnes, pour peu que nous en ayons conscience et que celle-ci puisse nourrir notre volonté. Être heureux c'est au fond être positif. Et cet état d'esprit ne peut être lui-même atteint que lorsque l'on comprend véritablement que grâce à cette Force qui existe en chacun, rien ne pourra jamais nous dévier du chemin qui nous mène vers le Bonheur, pas même la mort ou la maladie.

Pour être heureux, il faut apprendre à penser par soi-même

La société et le regard que porte sur nous les autres pèsent constamment sur nos épaules et influencent nos choix de vie. Il sont aussi une source de culpabilité et de frustrations permanentes. Face à ces contraintes qui nous dictent sans arrêt ce que nous devrions penser et ce que nous devrions être, il convient de prendre un recul nécessaire, une prise de distance qui permet à la fois de relativiser cette pression et de faire les choix qui sont le plus à même de nous rendre heureux. En un sens, il faut avoir le courage d'être soi-même face à une société par essence normalisatrice. Être soi-même c'est avant tout être capable de faire des choix non en fonction de ce que nous disent les autres, mais en fonction de nos convictions intimes, de ce que chacun pense être le meilleur pour soi. C'est donc avoir le courage de revendiquer nos différences et d'assumer pleinement celui ou celle que nous sommes. Descartes avec son fameux « *Cogito Ergo Sum* » nous avait appris que pour Exister il fallait Penser. J'ajouterais très modestement que le Bonheur passe également par cette même capacité réflexive : Être heureux, c'est Être capable de penser par Soi-Même.

QUELQUES RÈGLES
À SUIVRE AU QUOTIDIEN POUR
ÊTRE HEUREUX

1. Je ne me force pas à être heureux.

2. Je simplifie mon emploi du temps.

3. Je remets en cause les normes sociales.

4. Je revendique et j'assume mes choix.

5. Je n'ai jamais peur d'être moi-même.

6. J'ai un comportement en accord avec mes pensées.

7. Je ne m'inquiète pas pour tout ce qui ne dépend pas de moi.

8. J'affronte chaque problème en son temps.

9. J'adopte une attitude positive.

10. Je me fixe des objectifs.

11. Je prends soin de moi.

12. Je partage mes émotions.

13. Je souris et me rends serviable.

14. Je relativise mon malheur en observant autour de moi.

15. Je vis l'instant présent en mettant de côté mes problèmes.

16. Je n'attends pas pour me faire plaisir.

17. Je fais confiance à mes convictions.

18. Je ne culpabilise pas sans arrêt.

19. Je ne me rends pas esclave de la surconsommation.

20. Je m'oblige à penser par moi-même.